Alain Bruno Franck N'DIONE CHODATON

Sacrifiez-Vous avec Intelligence

Alain Bruno Franck N'DIONE CHODATON

Sacrifiez-Vous avec Intelligence

Sacrificium Usque Ad Victoriam

Éditions Croix du Salut

Imprint
Any brand names and product names mentioned in this book are subject to trademark, brand or patent protection and are trademarks or registered trademarks of their respective holders. The use of brand names, product names, common names, trade names, product descriptions etc. even without a particular marking in this work is in no way to be construed to mean that such names may be regarded as unrestricted in respect of trademark and brand protection legislation and could thus be used by anyone.

Cover image: www.ingimage.com

Publisher:
Éditions Croix du Salut
is a trademark of
International Book Market Service Ltd., member of OmniScriptum Publishing Group
17 Meldrum Street, Beau Bassin 71504, Mauritius
Printed at: see last page
ISBN: 978-613-7-37309-5

+++++++ +++++++ +++++++

Je dédicace ce livre à mes parents Abel Chodaton et Élisabeth N'dione, à tous mes bienfaiteurs et bienfaitrices: P Guy Frénod mon conseiller spirituel dans les pires moments de ma vie, Rv Philippe Champetier de Ribes, Rv Adrien Lenglet mon père abbé actuel, P Michel Robert, Monsieur Pierre N'dione un grand homme et un soutien, mères Jeanne Guignane M'baye, Thèrèse Mendy, Honorine David. Je pense aux grands saints et grandes saintes de l'Église: Pape Jean Paul II, Thomas d'Aquin et Prosper d'Aquitaine, Thérèse de l'enfant Jésus et Bernadette de Lourdes, Thérèse Bénédicte de la croix et Joséphine Bakhita, mes trois saints patrons: Bruno, François d'Assise, Alain de la Roche.

Et pour finir l'énumération, je pense au Saint Père Benoît de Nursie et je compte sur sa prière.

Je ne peux pas oublier ces grands savants du continent africain: Cheikh Anta DIOP. Il m'a donné l'envie d'aimer ma noirceur. Léopold Sédar SENGHOR fut le premier président de mon pays.

Fabien BOULAGA fut un grand penseur africain originaire du Cameroun.

P Barthélémy ADOUKONOU théologien béninois que j'ai connu en 1993.

Dieu soit loué, adoré et glorifié sur la terre et dans le ciel!

Benedicat nos Deus cotidie. Que Dieu nous bénisse chaque jour! Amen.

SACRIFIEZ - VOUS AVEC INTELLIGENCE

+++++++ Citations sur le sacrifice +++++++

Si un sacrifice est pour vous une tristesse, non une joie, ne le faites pas, vous n'en êtes pas digne. **Rolland Romain**

Vous ne pouvez rien réaliser dans la vie sans une petite dose de sacrifice. **Shakira**

Faites un sacrifice qui en vaut la peine si c'est nécessaire. **MRTB**

Une gloire sans sacrifice, bientôt elle sera méprisée. **Frère Jean**

Beaucoup veulent réussir mais peu sont prêts à faire le sacrifice nécessaire pour y parvenir. **NGFG**

Rends toujours, si tu peux, service pour service.Mais à qui ne fait rien, ne fais nul sacrifice.

Juan Manuel

Si on a personne pour qui on doit se sacrifier, on n'a pas de raison de vivre. **Idriss Mahamat KOSSO**

Il faut s'oublier un peu, ne pas toujours mettre en avant ses points de vue, ses goûts, mais se montrer compréhensif, indulgent, patient...C'est un sacrifice, mais ce sacrifice est une force, oui, et voilà une grande idée devant laquelle vous devez vous incliner. **Omraam Michaël AÏVANHOV**

1. Sacrifiez-vous avec intelligence

Il vous est arrivé, une fois, au moins, de raisonner ainsi : "***Je perds du temps en aidant telle personne.***" Elle ne mérite pas qu'on l'aide. Son ingratitude est notoire. Son impolitesse fait tache d'huile partout. Elle ne respecte personne, même après avoir été aidée. Elle pense que l'aide qu'on lui apporte est méritée. Il n'y a pas de doute selon elle. C'est écoeurant ! Il vous revient de poser l'acte secourable. Il vous revient aussi de ne pas le poser. Tout se joue au niveau de votre conscience. Les questions qui dérangent sont les suivantes : "***Si je ne l'aide pas, qui va l'aider ? Si je ne l'aide pas, que va-t-il se passer ? Si je ne l'aide pas, et que le malheur arrive, en serai-je le principal responsable ?***" Vous-même, vous tirerez vos réponses à partir de vos analyses et synthèses d'autres situations similaires qui s'offrent à vous. Je vous présente ici juste un cas de figure. Vous pouvez les multiplier suivant votre expérience journalière et personnelle. Il vous arrive de ne pas faire l'expérience, mais c'est l'homme en face de vous qui est le premier à la faire. Et Vous apprenez à travers l'expérience de cet autre.Votre propre expérience serait meilleure. Si vous avez déjà fait l'expérience de vous sacrifier intelligemment, vous avez déjà compris ce dont je parle.

Je finis ce petit chapitre par la parole d'un pasteur qui disait: "***Ne soyez pas la victime de vos talents***." On pourrait multiplier les phrases sur le même modèle. Ne limitez pas ce sacrifice intelligent au service que vous rendez aux gens. Évidemment, ce service peut être rendu à travers des phases très compliquées et lentes. Celui qui attend que vous lui rendiez un service n'est pas forcément quelqu'un de sérieux. Il peut être sérieux. Vous pouvez avoir des roublards devant vous. La parole du Pasteur que j'ai citée a été une source d'inspiration pour les chapitres du livre. Je vais devoir ajouter quelques phrases personnelles sur le modèle de la phrase dont nous avons parlé pour faire comprendre le sens de l'orientation des titres des chapitres.

"***Ne soyez pas la victime de vos mots. Ne soyez pas la victime des critiques acerbes des autres. Ne soyez pas la victime de vos préjugés. Ne soyez pas la victime des idéologies d'autrui.***"

Vous avez ou vous aurez à sacrifier pas mal de choses en vue d'un bonheur personnel, ou d'un bonheur à partager avec autrui. Ce sacrifice intelligent touche votre vie au plus profond d'elle-même. J'anticipe sur l'explication de l'expression. J'entends par sacrifice intelligent, le renoncement à ce qui ne vaut pas la peine, la séparation avec ce qui peut détruire votre vie et celle des autres, la prédilection pour ce qui rend votre vie agréable et alléchante et celle également des autres.

2. Sacrifiez ce qui doit-être sacrifié pour avoir la paix

Il y a tellement de choses à sacrifier dans notre vie pour notre bonheur et pour celui des autres personnes de notre entourage. C'est pourquoi j'invite à sacrifier ce qui doit être sacrifié. Je m'invite, tout autant que vous, à ces sacrifices.
Ne nous arrive t-il pas de temps à autre de devoir sacrifier notre bonheur pour un autre bonheur meilleur ?

Ce sacrifice de notre bonheur exige

Notre liberté et

Notre amour.

Il exige aussi

Notre intelligence et notre volonté.

Pourquoi dois-je me sacrifier? Une question fondamentale.

La réponse est personnelle.

Il ne faut pas avoir peur du mot sacrifice. J'entends par là: l'abandon, l'abnégation, le renoncement, la résignation, le don de soi, l'oblation, l'offre, l'immolation. Je pourrai continuer la liste.Tant de mots ont un lien avec le mot sacrifice.Chaque mot ici a une signification différente de celle de l'autre.

Chacun de ces mots pourrait jouer son rôle en vue de la clarification et de l'exactitude de notre compréhension des chapitres du livre. La compréhension du sens du mot par ses synonymes permet un certain approfondissement de ce dont nous parlons.

Retenons ces quelques phrases clés.

Quand je sacrifie quelque chose, je cherche à atteindre un objectif.

Je l'abandonne.

J'y renonce.

Je l'immole.

J'en fais don.

Je le partage.

Je l'offre.

Quand je me sacrifie, Je fais don de ma vie.

Je renonce à moi-même.

J'abandonne mon moi.

J'immole mon moi.

Je partage ma vie.

3. Sacrifiez des idéologies pour donner la victoire à la vérité

Vous voyez des gens qui s'accrochent tellement à une personne.

Pourquoi?

Ils suivent cette personne, parce qu'elle est productrice d'idées.

Elle attire tout le monde.

On dirait une magicienne. Il arrive que les gens jurent par son nom.

On dirait qu'elle est unique au monde.

Par ses idées qu'elle produit et transmet, elle peut faire du bien.

Elle peut aussi faire du mal.

Les gens qui suivent cette productrice d'idées ne sont pas toujours à même de la comprendre.

Et là où il y a de l'incompréhension du contenu d'un discours, je crains fort qu'il y ait égarement.

Toutes les idéologies ne sont pas toujours porteuses de vérités constructives.

Cela veut dire qu'elles peuvent être des idéologies destructrices de valeurs humaines.

Les manières de penser peuvent être bénéfiques ou mortelles à travers leurs contenus.

Elles peuvent être porteuses d'un mauvais ferment.

Sachez qui vous suivez. Sachez pourquoi vous suivez ces promoteurs d'idées.

Que vous apportent ces gens que vous suivez? Telle doit être la question fondamentale qui doit alimenter votre réflexion.

Vous êtes intelligent!

Utilisez votre intelligence et vous trouverez vos réponses!

4. Sacrifiez une amitié pour redevenir vous-même

Une amitié qui ne mène nulle part, faites la disparaître pour redevenir vous-même. Je me rappelle avoir dit devant des élèves quelque chose d'important: *"Celui qui fait semblant d'être un ami est dangereux pour vous."* Ou bien il est votre ami, ou bien il ne l'est pas.

Ne laissez pas ce rongeur vous ronger.

Ne laissez pas ce destructeur vous détruire.

Ne laissez pas ce dominateur vous dominer.

Ne laissez pas ce curieux malfaiteur vous découvrir.

Ne laissez pas ce menteur invétéré vous enterrer.

Soyez prudent!

Que votre refrain soit toujours: Il est mon ami ou il ne l'est pas. S'il l'est, je marche avec lui. S'il ne l'est pas, je brise l'amitié. Mieux vaut être seul et avoir la paix du cœur que de s'encombrer avec La compagnie d'un faux type. Et d'après un proverbe connu : "Des livres et des amis, ayez-en peu, mais bons." Éprouvez ceux qui prétendent être vos amis. Mon livre de religion vous parle du vrai ami et retenez son petit enseignement. Il comblera votre coeur.

"**L'ami aime en tout temps, et dans le malheur il se montre un frère**." Proverbe17:17

"Il n'y a pas de plus grand amour que de donner sa vie pour ses amis." Jean 15:13

5. Sacrifiez la volonté d'autrui pour valoriser la vôtre

Tout ce que veut l'autre ne correspond pas toujours à ce que vous voulez. Vous n'allez pas toujours dans la bonne direction. Il n'est pas interdit de s'opposer à la volonté d'autrui, surtout quand il s'agit de celle qui n 'est pas droite. Dites non quand vous devez dire non. Il ne faut pas trop s'attarder à quelque chose qui ne vous fait pas avancer dans votre vie. Faites votre volonté quand c'est indispensable, même quand vous êtes dans un groupe. Je ne parle pas de cette volonté de l'homme qui ne respecte rien. N'ayez pas peur d'aller contre la volonté qui peut réduire la vôtre à quelque chose d'inutile. Un président qui veut s'éterniser au pouvoir est en train de provoquer sa propre population. La réaction de son peuple pourrait lui être fatal. Plusieurs volontés pourraient lui résister? Et à la longue, sa volonté serait moins puissante que celle de la population. Je viens juste de donner l'exemple d'une autorité étatique. L'exemple vaut pour toute autre autorité tant religieuse que profane.Ce qu'une autorité veut peut être dangereux pour le groupe dont elle a la charge.

Si la volonté d'autrui est de vous réduire autant que possible à quelque chose d'insignifiant, ce n'est pas juste.

Si la volonté d'autrui est de vous mépriser avec rage, ce n'est pas juste.

Si la volonté d'autrui est de vous dominer injustement, frauduleusement, ce n'est pas juste.

Si la volonté d'autrui est de vous anéantir par les tous les moyens, ce n'est pas juste.

Si la volonté d'autrui est de vous priver de votre fierté et de votre dignité humaine, ce n'est pas juste.

Je pourrai bien continuer la liste. C'est très intéressant. La volonté de l'homme n'est pas toujours en connexion avec celle de Dieu. Le pire, c'est la volonté qui n'agit pas en conformité avec celle de Dieu. Je prends l'homme qui se moque de Dieu, qui se détourne de lui, agira t-il selon les vues de Dieu? Ou agira t-il selon les vues du démon?

Cette volonté de l'homme qui ne cherche que le mal n'est pas divine. Elle n'est pas humaine. Elle est plutôt satanique, démoniaque et diabolique.

Autant qu'il dépendra de vous, faites tout votre possible pour vous opposer à cette volonté perverse.

6. Sacrifiez votre volonté pour valoriser celle d'autrui

Quand vous dites que vous voulez quelque chose, pensez aux autres. Demandez aux autres ce qu'ils veulent. Ne dites jamais que ce que vous voulez les autres le veulent. C'est une grosse erreur. Vous devez tenir compte de ce que pensent les autres, de ce qu'ils veulent. Je m'exprime en pensant à la vie en commun. C'est beaucoup plus difficile de sacrifier sa volonté pour valoriser celle de l'autre. Vous remarquerez vous-même que l'union des volontés est loin d'être une réalité dans la vie de groupe. Il y a souvent un grand antagonisme entre les volontés. Il faut une certaine maturité humaine pour la concrétisation des relations entre les volontés. Une communion des volontés et des intelligences est indispensable pour la vie en société. Du moins, il s'agit là d'un souhait. La réalité est une autre affaire.

L'idée que tout le monde doit vouloir la même chose est possible. S'il s'agit d'une vie communautaire, cette idée pourrait être valable. Mais encore, il faut être prudent dans ce que nous avançons. Si l'objectif des membres d'un groupe est la quête de l'épanouissement de chacun, c'est du positif. Le problème est de savoir comment s'y prendre. Comment faire en sorte que tout le monde puisse s'épanouir dans le groupe d'appartenance? C'est bien possible. Mais ça pourrait bien être une illusion.

Cela coûte beaucoup de devoir sacrifier sa volonté pour que celle de l'autre soit valorisée. Qui est l'autre? Une autorité à laquelle vous dépendez? Un simple interlocuteur ? Un ami ? Si la volonté de l'autre doit l'emporter sur la vôtre de la façon la plus légitime, vous devez être souple.Cette fois-ci, on vous ouvre les yeux. Quoi que vous fassiez, c'est comme un coup d'épée dans l'eau.C'est une évidence que la volonté de l'autre est beaucoup plus claire que la vôtre.Il vous faut l'humilité pour accueillir cette volonté qui est la meilleure que la vôtre aujourd'hui. Autrement, vos deux volontés sont en duel. Il y a une qui est correcte, et l'autre ne l'est pas.C'est une situation qui est difficile à gérer.

7. Sacrifiez votre travail pour être en paix

Votre travail fait partie intégrante de votre vie, une fois obtenu.

Comment y renoncer après tant d'années passées ?

Comment le sacrifier avec toutes les peines connues avant son obtention ?

Certaines personnes ont eu l'audace de reculer devant une situation peu enviable. Il faut de l'audace pour partir à temps. Si on peut trouver autre chose en remplacement de ce à quoi nous renonçons pour garder notre dignité, c'est mieux.

La dignité d'une personne est plus que de l'argent. Une fois, j'accompagnai une fille qui cherchait du travail dans les organisations non gouvernementales. Quand nous arrivâmes au portail du lieu, je la Laissai continuer son chemin en direction de l'un des bureaux d'accueil. L'attente ne dura pas tellement. J'étais surpris quand elle me rejoignit au portail. Elle me donna quelques détails de son entretien avec monsieur un tel. L'interlocuteur de mon amie était prêt à accéder à sa demande à condition de forniquer avec elle.

Do ut des.

Je donne pour que tu donnes.

Comme je la connaissais, elle ne perdit pas son temps avec monsieur le petit patron borné et pervers. Finalement, avec le temps, et en tant que bachelière et diplômée en comptabilité, elle se trouva du travail. Elle préfèra faire ses propres affaires. Pour ce cas si clair, mon amie n'avait pas eu le travail qu'elle cherchait. Elle avait préféré ne pas l'avoir. Les cas de figures foisonnent d'un milieu à un autre, d'un pays à un autre, d'un continent à un autre.Pour avoir du travail, donnez-vous pour le recevoir dans certains milieux. Donnez-vous en perdant votre fierté et dignité pour qu'on vous le donne. Le pire, une fois le travail obtenu, est d'être un jouet entre les mains du pseudo patron ou même du vrai patron. Ce sont des réalités latentes et quelquefois dévoilées.Un journaliste demanda à un jeune africain d'un pays de l'Afrique de lui parler de la situation des chercheurs de travail dans son pays. La réponse était dégoûtante.Il y a du chantage de la part du futur embaucheur à l'égard du futur embauché. Si le chercheur de travail n'a pas d'autres opportunités, la tentation est de fermer ses yeux pour accepter l'offrande empoisonnée. Si le futur patron est homosexuel, vous allez devenir comme lui si vous ne lui résistez pas. Il est difficile de laisser le travail qui vous rend indigne pour un autre non pas encore obtenu qui pourrait vous rendre plus digne.

8. Sacrifiez vos liens familiaux pour avoir la paix

Ça doit être très dur de briser les liens familiaux. Ils existent quand nous venons au monde.

Nous appartenons à telle famille et non pas à telle autre.

Et pourquoi devons-nous justement briser ces liens si solides ?

Qu'est-ce qui est à l'origine de ce désir de séparation ?

Je me souviens de la fille qui m'avait raconté son histoire. Elle me disait qu'elle avait quitté sa confession pour une autre. Elle avait vraiment traversé la mer rouge, d'après ses propos. Quand elle décida de se joindre à une autre confession, sa propre famille ne voulait plus d'elle. Elle ne voulait plus la revoir. ***Va-t'en d'ici***, lui disait sa famille. ***Ne reviens plus***. Cet entretien que j'avais eu avec elle m'avait renforcé au fond de moi. Sa nouvelle famille l'avait bien accueillie . Elle s'occupait sincèrement d'elle. Elle lui avait même payé les études de comptabilité. Selon elle, Jésus-Christ était plus important.

La famille passe.

Les liens familiaux passent également.

Ils peuvent durer certes, mais ils s'arrêtent un moment. Celui qui donne la vie, la vraie , celle qui est

éternelle, est le meilleur.

Depuis ce jour de mon entretien avec elle, je ne l'avais plus revue. J'avais admiré son courage, et

mieux encore sa foi.

Nous prenons des risques avec notre foi.

9. Sacrifiez votre vie pour donner la vie aux autres

Je ne sais pas si je peux parler de sacrifice quand j'apprends qu'une mère a donné la vie à un enfant,

elle est morte après l'accouchement.

Une vie commence, une autre finit. Une vie finit, une autre commence. C'est triste comme situation!

Cette mère savait-elle qu'elle allait mourir en accouchant ?

Si oui, franchement elle avait été brave. C'est de la bravoure.

Il y a plusieurs cas où les gens sacrifient leur vie.

Le sacrifice dont il est question dans ce chapitre peut se concrétiser de plusieurs manières selon les personnes.

Je pense aux soldats qui défendent la couleur de leur patrie et meurent.

Une mère de famille se sacrifie en renonçant à s'habiller élégamment pour nourrir ses enfants.

Un père de famille se sacrifie en renonçant à ses propres ambitions pour le bien-être de ses enfants.

Un enfant se sacrifie pour aider ses propres parents en évitant toute dilapidation.

Une personne normale se sacrifie en mourant pour sauver une autre .

Sacrifier sa vie pour un autre peut vouloir dire donner sa vie pour un autre. Il peut bien s'agir de la vraie mort. Il peut s'agir aussi de la mort quotidienne.Tout dépend de notre objectif.

L'exemple de Saint Maximilien est assez frappant.

Ce saint se sacrifie en donnant sa vie à la place d'un père de famille. L'oblation de soi pour les autres est digne de louange.

Donner sa vie pour les autres est une manifestation de la grandeur de son amour.

Une manifestation de votre magnanimité.

C'est un geste digne de louange. Le plus grand amour, selon Jésus, c'est quand vous donnez votre vie pour l'autre.

Qui donne sa vie, aujourd'hui, pour le prochain proche ?

Pour le prochain lointain ?

Vous n'avez pas besoin de faire du théâtre pour montrer que vous faites du bien aux âmes.Il est vrai que vos bonnes actions sautent aux yeux. Vous avez du mal à vous cacher. Je pense à sainte mère Térèsa de Calcutta et d'autres. Il est difficile de passer inaperçu quand on fait le bien.

Les journalistes vous talonnent. Vous ne pouvez pas échapper à vos bons poursuivants.

Vous êtes devenu une étoile pour votre société. Vous êtes devenu un modèle.

Donner sa vie pour les autres, c'est mourir un peu.

Donner sa vie, C'est de l'abnégation.

C'est plus beau de se sacrifier sans calcul.

10. Sacrifiez votre méconnaissance pour chercher la vérité

Seule la vérité vous libère.

Seule La vérité vous enrichit.

Seule la vérité vous valorise.

Seule la vérité vous crédibilise.

Seule la vérité vous fortifie.

Seule la vérité vous sécurise.

Seule la vérité vous martyrise.

Vous savez ce qu'on vous dit, mais vous faites semblant de ne pas savoir. Quelqu'un s'adresse à vous pour vous dire quelque chose de fondamental. Votre réaction: Nous ne sommes pas au courant. Nous n'avons pas reçu des informations précises. Au fond de vous, vous êtes bel et bien informé. Aucune information ne vous échappe.

Alors, pourquoi l'adoption de telles attitudes ?

Quel apport recevez-vous de votre attitude ?

Il me semble que votre méconnaissance proviendrait d'un manque de sincérité avec vous-même, mais aussi avec autrui.

Vous ne voulez pas recevoir la vérité qui pourrait vous déranger au fond de vous-même.

La seule manière de faire est le positionnement négatif que vous choisissez volontairement.

Un exemple éloquent se trouve dans l'Évangile: Jésus et ses interlocuteurs. Nous connaissons bien les interlocuteurs de Jésus.

On lui demande: Par quelle autorité fait-il cela? Il a la réponse à donner. Cependant, il préfère poser une autre question à ses interrogateurs. Je répondrai que si vous me répondez. C'est intéressant ce passage de l'évangile.

Ses interlocuteurs interrogateurs ne répondent pas, parce qu'ils savent ce qui les attend. Ils n'ignorent pas les conséquences qui peuvent découler de leurs réponses. Par conséquent, ils vont dire tout simplement: "***Nous ne savons pas pour avoir la paix***." Réponse de Jésus : "***Je ne sais pas moi non plus***."Tout finit en beauté. Personne n'est offensé. Ils font semblant de ne pas savoir les interrogateurs de Jésus. Des gens qui font semblant de ne pas savoir sont nombreux dans notre monde.

Ils sacrifient la vérité pour donner du poids à leurs mensonges.

Ils font taire la voix de leur conscience pour mieux agir.

Il leur coûte peut-être de recevoir la vérité, parce qu'elle empoisonne leur vie.

Peut-être qu'ils ont une mauvaise notion de la vérité.

Alors, c'est très difficile de leur écarquiller les yeux. Il faut prier pour ces personnes. Elles changeront à la longue, si elles s'ouvrent à la vérité.

11. Sacrifiez vos tricheries pour rendre heureux vos semblables

La tricherie commence au niveau de notre intelligence.

Elle commence par de faux calculs que nous faisons à l'intérieur de nous-mêmes.

Nous planifions la manière dont nous allons tromper les gens.

Nous planifions la manière dont nous allons manipuler les gens .

Nous planifions la manière dont nous allons enfoncer les gens.

Nous planifions la manière dont nous allons réussir plus que les gens par la fraude.

Si notre plan réussi, que se passe-t-il chez les gens ? Nous rendons les gens malheureux pour être heureux. Nous ne sommes pas prêts à fournir les efforts que fournissent les autres pour arriver au sommet de l'échelle. Nous choisissons des voies biscornues, tordues pour arriver à nos fins. Nous arrachons aux gens leurs mérites. Nous entendons par là: les honneurs et les mérites reçus après tant d'années de sueur et de peine. Nous dévalorisons les actions des autres, lesquelles les rendent dignes. Nous sommes impitoyables à l'égard de ceux qui progressent ou qui peuvent progresser mieux que nous dans un domaine bien précis. Nous vivons du travail des gens. Nous vivons de la réalisation des gens. Quelle misère! Quelle bassesse! Nous voulons continuer à vivre ainsi notre vie sans état d'âme jusqu'à notre dernier soupir. Nous trouvons cela normal. En réalité, ce n'est pas normal. Nous nous servons des gens comme des biens utiles ni plus ni moins.

Au bout du compte, la tricherie existe partout.

Là où vivent des humains, elle y fait son apparition de temps en temps.

12. Sacrifiez vos hostilités si vous êtes des enfants de Dieu

Quand le psalmiste dit: "***Tu n'es pas un Dieu ami du mal. Chez toi le méchant n'est pas reçu.Non l'insensé ne tient pas devant ton regard."*** L'ami de Dieu n'est pas celui qui est collé au mal. Il ne respire que de la violence. La haine est en train de pourrir sa vie. La connexion avec Dieu est possible par la voie du bien. La déconnexion avec Dieu est possible aussi par la voie de la haine.Tant que vous haïssez, vous n'êtes pas de Dieu, selon l'épître de saint Jean. Vous êtes d'un autre. Vous savez de qui je parle. Tant que vous haïssez, vous vous éloignez de Dieu. Dieu ne peut pas cautionner votre attitude à l'égard des autres. Même si les autres sont fautifs, votre haine n'est pas la solution. Dieu veut que vous choisissiez la meilleure des solutions: l'amour. Omnia vincit amor. L'amour peut tout vaincre.

L'ami de Dieu, c'est celui qui le craint et fait sa volonté.

Vous aurez beau être un grand croyant si vous n'accomplissez pas la volonté de Dieu, votre croyance reste vaine. Foi et oeuvres vont ensemble. Voilà une très bonne combinaison.

Tout le monde peut croire en Dieu. Jacques 2:14-26

Tout le monde peut parler de Dieu. Ésaïe 42:44

Tout le monde peut chanter Dieu. Psaume 12 : 22

Tout le monde peut se vanter d'être de Dieu. Psaume 27:1

Cependant, Dieu veut des croyants acteurs et réalisateurs.Vous devez agir comme celui en qui vous avez mis votre foi.

J'aime Dieu ne suffit pas pour l'apôtre Saint Jean.

J'ai la foi ne suffit pas pour l'apôtre Saint Jacques.

J'ai bien parlé de Jésus ne suffit pas pour saint Jésus.

J'ai bien parlé de Dieu ne suffit pas pour Dieu.

J'ai bien dit la messe ne suffit pas pour Saint Jésus.

J'ai bien chanté pour Dieu ne suffit pas pour Dieu.

J'ai un eu mon doctorat en théologie ne suffit pas pour Dieu.

J'ai une grande réputation dans le monde ne suffit pas pour Saint Jésus.

J'ai tellement pratiqué le Jeûne ne suffit pas pour Dieu.

Je prie tous les jours ne suffit pas pour Dieu.

Le secret de tout est l'amour agisssant.Une foi agissante.

Que la vérité soit le soubassement de nos actes.

Vous ne pouvez pas répondre à la haine par la haine.

C'est une vérité pure et dure, mais c'est la vérité.

13. Sacrifiez vos hostilités pour faire triompher l'amour

Nous hostilités nous fragilisent.

Nos hostilités nous rendent malheureux.

Nos hostilités nous détruisent peu à peu.

Nos hostilités nous retardent avec le temps.

Nos hostilités nous empêchent de voir clair.

Nos hostilités empoisonnent nos vies.

Nos hostilités durcissent nos coeurs.

Nos hostilités nous diabolisent.

Nos hostilités nous violentent.

Nos hostilités nous étouffent.

Nos hostilités nous rendent amères.

Nos hostilités nous rendent arides.

Nos hostilités nous rendent pauvres.

Nos hostilités nous rendent sauvages.

Nos hostilités nous éloignent les uns des autres.

Je pourrai continuer la liste. Retenons tout simplement que les apports de nos hostilités ne sont pas positifs. Tout est négatif.

Pourrions-nous vivre toute notre vie en nous haïssant les uns les autres ?

J'avoue que la quiétude nous manquerait. Si nous avions été victimes d'une injustice, était il raisonnable de haïr celui qui en était responsable? La réponse appartient à chacun.

Faut-il continuer à haïr ?

Ou faut-il donner à l'amour la victoire sur la haine ?

Choisissons notre réponse. Si elle est positive, elle ne peut être que bénéfique. L'amour nous comble de joie. La haine nous vide. Elle nous prive de notre joie. La haine ne sera jamais synonyme de paix ni de joie. Nous devons renoncer à la haine, même s'il nous est difficile, pour ouvrir notre cœur à l'amour. Notre amour nous rendra plus proches de Dieu. Il nous sortira des zones obscures des ténèbres.

Dieu est lumière, parce qu'il est amour. Nous serons des lumières si nous nous aimons les uns les autres. La misère humaine est là. Je fais allusion à l'imperfection de l'homme. Si nous nous focalisons sur les défauts des humains, nous n'aimerons personne.

Saint Jean de la croix dit: Quien a su projimo no ama, a Dios aborrece.

Qui n'aime pas son prochain, déteste Dieu.

Saint Jean dit : Qui n'aime pas son frère qu'il voit, comment peut-il aimer Dieu qu'il ne voit pas?

14. Sacrifiez votre oui pour donner un sens au non des autres

Pour sacrifier votre oui, vous devez commencer par comprendre le sens du non des autres. Pourquoi ces derniers disent-ils non? Si vous refusez de chercher le sens du non des autres, vous vous cantonnerez dans une position pas toujours confortable ni rassurante. Ils ont tort, vous avez raison, dites-vous au finish. Le plus grave, c'est quand vous avez tort, et que ce sont les autres qui ont raison. Bon sang!

Quand allez-vous ouvrir vos yeux pour reconnaître la vérité des autres?

Quand allez-vous adopter l'attitude d'un homme humble pour ouvrir votre coeur à la vérité des autres?

Seule l'humilité sauve dans certaines situations. Vous n'avez pas manqué de rencontrer des gens humbles occasionnellement parlant. Avez-vous été marqué par leur humilité? Par leur silence? Il leur arrive même d'avoir raison, mais ils préfèrent garder le silence.

Le silence est porteur de vérité.

Ce n'est pas celui qui parle le plus que tout le monde qui a raison. Il vous suffit de fouiller dans les propos de l'homme bavard, et vous êtes grandement surpris. Rien n'est vrai là-dedans. Rien n'est vrai dans leurs bouches. Elles sont remplies de malveillance. Telle est la parole du Psalmiste.

Évitez de défendre ce qui n'est pas vrai.

Même si vous ne vous faites pas de mal en le défendant, vous faites du mal à celui qui sera votre victime.

15. Sacrifiez votre non pour donner un sens au oui des autres

Vous dites souvent non, alors que les autres disent oui. Au fond, qui a raison ? Eux ? Vous ? Il peut arriver que vous n'ayez pas raison. Si vraiment vous savez que les autres ont raison, renonçez à votre non. Vous perdriez votre temps à dire non. Vous perdriez votre temps à maintenir votre non. Ne faites pas perdre du temps aux autres qui vous écoutent. Les autres sont souvent détenteurs d'une vérité. Ça ne doit pas vous coûter de les écouter. Vous devez apprendre à dire de temps à autre: Nous n'avons pas raison aujourd'hui. Ce n'est pas tout le temps que nous gagnons. Reconnaître que vous n'avez pas raison aujourd'hui, c'est reconnaître les limites de vos capacités intellectuelles. Elles ne seront jamais parfaites. Pensez à la prière de saint Thomas d'Aquin, ce grand penseur de l'Église. Il disait en s'adressant à Dieu: ***Daignez projeter sur les ténébres de mon intelligence un rayon de votre clarté, chassant de moi les doubles ténèbres dans lesquelles je suis né: celle du péché et celle de l'ignorance***. Vous êtes limité. L'érudit saintThomas le reconnaissait. Donc, apprenez à reconnaître vos failles. Sacrifiez tout ce qui a un lien dangereux et dévalorisant avec le langage fallacieux. C'est un sacrifice qui peut coûter cher à celui qui a l'habitude d'user de ce double langage. Il faut apprendre à reconnaître que votre non ne pèse pas toujours lourd. Il faut l'accepter avec humilité.Ce n'est pas parce que vous voulez avoir raison que vous allez l'avoir par la force. Je pense que les gens qui ont raison sont normalement cohérents au fond d'eux.

Écoutez ceci: le branle-bas ne mène nulle part. Ne soyez pas de ceux qui pensent qu'ils sont meilleurs que tous les autres hommes. C'est la fausse idée qu'ils se font d'eux-mêmes et des autres. Loin de vous cette idée dangereuse. Si elle est ancrée en vous, vous n'écouterez personne. Vous aurez toujours raison. Les autres auront toujours tort devant vous. Personne ne pourra vous aider, parce que vous êtes seul contre tous. Apprenez à sacrifier votre non. Je ne vous demande pas de tout accepter de la part des beaux-parleurs.

16. Sacrifiez le oui des autres pour donner un sens à votre non

Les autres peuvent avoir raison sur vous mais pas toujours.

Comment pouvez-vous savoir qu'ils n'ont pas raison ?

Si vous êtes porteur de vérité, vous la faites valoir purement, simplement, humblement.

Point besoin de battre le tam-tam.

Point besoin de sonner des cloches.

Point besoin d'humilier l'interlocuteur.

Point besoin de vous enorgueillir.

La vérité se fraye un chemin dans les cœurs sans violence aucune. La vérité partagée dans la douleur est créatrice de paix.

Elle apporte la paix.

Si vous communiquez la vérité à vos interlocuteurs avec le plus grand respect que vous leur devez, vous êtes en train de construire un pont entre deux intelligences: la vôtre et la leur pour une bonne entente. La vérité divise quand elle n'est pas reçue de la même manière par tous. Des vérités qui divisent, nous en connaissons tellement. Il n'est pas nécessaire ici d'en parler. Il y a même de ces vérités qui font souffrir ceux et celles qui en sont les principaux détenteurs. Si vous souffrez, parce que vous êtes porteur de vérités non reconnues ou rejetées par les autres, soyez patient. Le temps pourrait permettre à vos opposants de recevoir la vérité. La vérité l'emporte sur le mensonge avec le temps. N'abandonnez pas la vérité reçue pour des contrevérités.

Défendez la vérité avec dignité.

Défendez la vérité dans le respect de l'autre .

Pas de mépris .

Pas de haine.

Pas de violence physique.

Pas de menace.

17. Sacrifiez le non des autres pour donner un sens à votre oui

Vous rencontrerez des gens qui ne vous donneront aucune chance d'avoir raison sur eux.

Ils penseront qu'ils vous sont supérieurs.

Ils penseront qu'ils sont plus intelligents que vous.

Ils penseront qu'ils n'ont pas à vous écouter.

Ils penseront qu'ils perdent leur temps à vous écouter.

Tout ce que vous pouvez leur dire est insignifiant. Il est sans valeur. Et même s'ils vous écoutent, ce n'est pas avec intérêt ni avec plaisir. Ils vous écoutent à contrecœur. Ils vous méprisent en vous écoutant. Ils ne vous donnent pas la place que vous méritez devant eux. Leurs attitudes vous donnent envie de vouloir à votre tour les mépriser. Ce n'est pas la bonne solution. Le mépris comme réponse au mépris crée la distance entre deux personnes qui s'opposent du point de vue des idées à partager. C'est votre persévérance qui vous donnera la victoire sur l'autre. Elle vous fera triompher de son manque d'entendement, de son manque d'ouverture d'esprit. L'important, c'est la reconnaissance de la valeur de votre personne. Que les autres vous méprisent, parce que vous êtes dans la vérité, est, selon moi, une occasion en or offerte, pour avoir la tête haute. Le mépris est une offense, mais elle ne vous tue pas dans la mesure où vous connaissez votre valeur. Si vous doutez de vous-même, vous devenez plus vulnérable. La vérité que vous possédez ne sera pas communiquée, parce que vous n'avez pas confiance en vous-même. Vous allez finir par accepter les contrevérités des autres.

Votre vérité vaut plus que les contrevérités de l'adversaire.

Donc, l'invitation est assez claire: Sacrifiez le non des autres pour donner un sens à votre oui.

18. Sacrifiez votre inconduite pour la bonne conduite

Ne cherchez pas loin le pourquoi devez-vous sacrifier votre inconduite. C'est une évidence que si vous voulez être vraiment heureux, le changement de comportement est indispensable à l'égard des autres et de vous aussi. L'inconduite dont nous parlons peut avoir plusieurs significations. L'inconduite de l'un n'est pas celle de l'autre. Prenons quelques exemples chez les personnages de la Bible: Le roi David avec la femme d'Urie. Le roi Saül qui cherchait à tuer David. La femme Zézabel et son mari. Leurs inconduites sont celles de notre monde d'aujourd'hui. Les humains ne sont pas des anges. Ils sont très limités. L'homme le plus vertueux peut décevoir ses admirateurs. L'inconduite fait mal quand elle se prolonge chez l'homme qui ne veut pas changer. L'homme qui veut vivre dans la médiocrité préfère maintenir son inconduite. Il n'a pas l'intention de changer. Si on reprend l'exemple du roi David, son inconduite est sanctionnée par Dieu. Le plus beau chez le Roi David, c'est son regret. Il a couché avec la femme d'autrui. Et le pire, il fait tuer le mari de cette dernière. L'inconduite de ce roi n'est pas à valider. Mais ce qu'il faut reconnaître, c'est son humilité. Il s'abaisse. Il fait pénitence. Il reconnaît la gravité de son péché. Des gens comme le roi David , pouvons-nous les trouver dans nos milieux respectifs ? Ou trouverons-nous d'autres gens qui agissent ou agiront à l'instar de Zézabel et de son mari ? Prenez deux personnes comme exemples. Elles ont toutes deux une conduite douteuse. L'une s'en rend compte et essaie de s'en corriger. L'autre s'en rend compte, mais vit comme si tout allait bien dans sa vie. Leur inconduite est un souci pour l'une et une insouciance pour l'autre. Si vous avez le courage de faire face à l'une ou à l'autre, invitez l'une ou l'autre à un changement de conduite. C'est un bien pour l'une et pour l'autre. On n'a pas beaucoup parlé du roi Saül. Il en voulait à David. David avait comme ami le Fils du roi. Ils s'entendaient à merveille tous les deux. Le père de Jonathan devenait dangereux pour le jeune David. Il chercha à le clouer au mur. Fiasco total. Le plus fort était Saül. Le plus faible David. Si le roi avait tué le plus faible, aucun compte rendu n'aurait été fait. Mais Dieu était avec David. Des Saül sont aussi présents dans nos sociétés. Ils ont besoin d'un changement de conduite. Le problème, s'ils jouent le rôle d'une autorité, il est beaucoup plus difficile de leur faire entendre raison. Ils peuvent écraser en une fraction de secondes le faible qui essaie de leur donner une leçon. Une puissance non maîtrisée ferme les yeux de l'autorité étatique ou religieuse. Une autorité qui donne la mort à une autre autorité pour avoir la paix. Ou une autorité qui donne la mort à une personne sans pouvoir aucun en vue d'avoir la maîtrise d'une situation criarde. Je ferme ce chapitre par le texte d'un chant de carême.

"Changez vos cœurs. Croyez à la Bonne Nouvelle! Changez de vie, Croyez que Dieu vous aime."

Un modus vivendi est indispensable pour réaliser ce changement de conduite.Un modus loquendi aussi est utile toujours par rapport à ce changement tant souhaité. Une manière de vivre et une manière de parler pourront changer votre vie.

19. Sacrifiez votre envie de vous victimiser pour vous épanouir

Quand vous vous regardez trop souvent comme une victime

d'une injustice,

d'une déconsidération,

d'un rejet,

d'une marginalisation,

vous risquez d'aggraver votre situation.

Vous pouvez être victime, je reconnais cela. Mais faites preuve de maturité. Comment ? Essayez de faire face à celui qui vous rend malheureux. Des solutions existent. Parlez, battez vous non pas avec vos mains évidemment. Je fus témoin d'une scène où un joueur était attaqué par des supporters. Les gens lui lançaient des objets qu'ils avaient en main. Le pauvre comptait sur l'arbitre certainement. Cependant, que pouvait faire l'arbitre? Rien du tout. Le cas de ce joueur était très délicat. Même s'il y avait l'intervention des hommes de tenue, la situation allait s'aggraver. Des mécréants avaient décidé de lui rendre la vie impossible. Son cas était vraiment compréhensible. Je le voyais se mouvoir dans tous les sens sur le terrain. Il était une vraie victime de ses persécuteurs. J'avais pitié de lui. Il ne pouvait pas se défendre. Il était seul contre un groupe de malfrats. Il est vrai que dans certaines situations, la victime subit malheureusement.

Il existe plusieurs cas de victimes sans défense. Ces cas varient d'un milieu à un autre, d'une personne à une autre.

Les autres sont ce qu'ils sont, mais vous aussi vous êtes ce que vous êtes. Pour un oui ou pour un non, vous pleurnichez. Vous allez passer votre vie à pleurnicher. Faites attention! Vous pouvez facilement vous victimiser. Il est très difficile de se contrôler quand on se victimise. La victimisation de soi commence par des phrases souvent gratuites. Si j'ai échoué, c'est à cause de vous. Vous ne m'avez pas aidé quand j'ai décidé de me réaliser. Vous m'avez laissé seul me débrouiller. Vous avez raison jusqu'à un certain niveau. Mais n'oubliez pas que l'autre peut se justifier. Sa justification peut-être valable aussi. L'une des manières de lutter contre le comportement victimaire est de vous responsabiliser. Vous êtes responsable de ce qui vous arrive quelquefois. Être victime est fort possible. Des victimes, on en trouve partout dans le monde. Mais ce qui est redoutable, C'est d'accepter d'être victime, alors qu'on peut éviter de l'être . Accepter d'être victime, C'est accepter de subir l'injustice. Défendez vos intérêts quand vous êtes capable de les défendre. Vous pouvez vous défendre. Pourquoi votre nonchalance? Pourquoi cette mollesse? Les gens feront de vous ce qu'ils voudront si vous leur en donner l'occasion. Vous pouvez vous défendre, défendez-vous. Pensez à ces grands hommes que l'histoire n'oubliera jamais. Ils ont été de grands héros. Ils ont pu se défendre devant l'injustice. Ils ont su se défendre sans violence. Vous n'avez pas besoin d'armes pour vous défendre. Vous pouvez vous défendre autrement. N'attendez pas toujours l'assistance de Dieu pour vous soutenir. Agissez et Il vous soutiendra. Vous avez une bouche pour défendre vos intérêts, qu'attendez-vous pour parler? Vous laissez l'autre vous détruire, alors que vous êtes capable d'agir. Vous êtes capable de réagir. Il existe de ces gens qui aiment tout laisser entre les mains de Dieu. C'est beau, mais ce n'est pas suffisant à mon avis. Dieu ne fera rien sans vous. Soyez-en conscient.

20. Sacrifiez votre envie de juger autrui pour vous juger vous-même

Si, en jugeant les autres, vous les empêchez de vivre, il faut que vous y renonciez. Ce n'est pas bien , à mon avis, pour votre âme. Ce n'est pas bien non plus pour les âmes des personnes que vous jugez. Si vous les jugez pour leur ouvrir les yeux sans aucune intention de les enfoncer, allez y. Vous êtes dans la bonne voie. C'est important pour vous, parce que vous faites du bien. C'est important pour les autres aussi, parce qu'ils ont eu la paix après vous avoir écouté. Que votre jugement soit fait dans un bon esprit. Ne jugez pas pour détruire, mais jugez pour aider. Ne jugez pas et vous n'allez pas être jugé. C'est grave ce que dit Jésus. Et pourtant, c'est la vérité. Ce qui rend grave notre jugement, c'est le fait qu'elle soit privé d'amour, de circonspection et de discrétion. Vous n'avez pas besoin de juger quelqu'un devant tout le monde. Je ne m'attaque pas ici aux tribunaux. Je parle simplement de la correction fraternelle. Corrigez les autres en catimini. Jugez de leurs actes entre vous. Quand vous parlez à quelqu'un de son comportement avec amour, discrétion et circonspection, il peut facilement vous écouter. Je trouve tellement beau ce passage de l'évangile qui nous présente les accusateurs d'une femme prise en flagrant délit d'adultère. La pauvre! Sa situation devait être difficile. On la présenta à Jésus. Les accusateurs de cette femme attendait que Jésus La condamnât. Ils n'avaient pas eu de chance. Le plus important pour Jésus était d'abord de garder son silence. La femme méritait peut-être d'être grondée. Mais, c'est quoi le jugement humain? Le jugement humain peut être juste. Il peut aussi être faux? Le jugement humain n'est pas toujours celui de Dieu. L'homme juge en condamnant, Dieu juge en délivrant. Ils n'ont pas tous les deux le même regard sur nos défauts. Ce qu' on peut retenir de la situation de la femme adultère, c'est l'attitude de Jésus. Jésus est positif. Jésus n'est pas pour le péché commis par la femme. Il a en horreur le péché. Le plus important pour Jésus, c'est de rendre la femme libre.

Les jugements des autres vous libèrent ou vous emprisonnent.

Là où les hommes accusent et condamnent, Dieu a pitié et pardonne.

Là où les hommes indexent le coupable, Dieu détourne sa face.

Une seule parole de Jésus pour libérer la femme de ses accusateurs.

Jésus dit: ***Celui qui est sans péché lui jette la première pierre***. Ils partent tous en commençant par les plus grands pour finir avec les plus petits. Ils avaient compris le message de Jésus. Ce message de Jésus était une invitation à l'introspection. Il faut se regarder avant de regarder les autres . Il faut entrer chez soi-même avant d'entrer chez les autres. Il nous est beaucoup plus facile de regarder les défauts des autres que les nôtres. C'est une mauvaise habitude. Nous pouvons nous en débarrasser.

21. Sacrifiez votre envie de parler pour privilégier le silence

Sacrifiez votre envie de parler pour privilégier le silence. Je fus témoin d'une scène dans une église. C'était un jour où la Sainte Croix était accueillie dans une église. Je faisais partie de ceux et de celles qui avaient accompagné cette croix Jusqu'à sa destination.L'église était bondée de monde. Il y avait plus de jeunes croyants que de vieux. Ils étaient très actifs. Ils exécutaient des chants avec passion et foi. Alors, un moment donné, on devait écouter le prêtre qui avait accueilli la croix dans sa paroisse. Il parlait tellement bien. Son intervention était tellement longue.Quand il avait fini, Il invita le prêtre qui avait accompagné la croix à prendre la parole. Alors, au moment où je m'attendais à écouter l'autre comme deuxième intervenant, je fus déçu.Ce dernier invita les gens au silence. Je compris qu'il voulait nous faire savoir que le plus important devant la croix était le silence. Le silence parle plus dans certaines circonstances. J'appris beaucoup par le silence de ce prêtre. Sans doute, il disait en lui-même :Si je prends la parole, je peux faire du bien aux âmes.Mais je peux faire aussi des redites.Les redites sont oiseuses. Votre silence parle plus.Il ne s'agit pas du silence de l'homme qui n'a pas envie de parler purement et simplement. Il s'agit du silence qui vous met en valeur.Ce silence vous fait grandir.

Comme dit l'adage: le silence est d'or, la parole est d'argent.

Vous gagnerez plus en gardant le silence qu'en parlant.

Je ne vous invite pas à un silence perpétuel. Je vous invite surtout à un silence utile et fécond. Votre silence doit-être porteur de bons fruits comme: la paix, la joie, le bonheur.

22. Sacrifiez votre arrogance pour reconnaître la supériorité de l'autre

Un de mes formateurs dans ma première vie religieuse, un Français, me disait un jour:

L'arrogant, c'est un faible. C'est quelqu'un de complexé.

L'homme humble en face de l'homme arrogant est redoutable.

L'homme humble est habité par une force redoutable, celle de Dieu..

L'homme arrogant est vide et il est habité par une force satanique

Il est faible.

Rien ne le renforce intérieurement. .

Sacrifiez votre arrogance pour reconnaître la supériorité de l'autre .

Votre arrogance ne vous apporte rien.

Elle vous complique votre vie.

Et quand vous vous compliquez votre vie, vous pouvez compliquer celle des autres.

Votre présence dérange.

Votre présence est indésirable.

Vous vous affirmez par votre arrogance.

Ce n'est pas la solution, chers amis. Il y a meilleur que cela. Vous pouvez vous affirmer autrement. S'affirmer par une autre voie est meilleure que celle que vous choisissez souvent. Si vous voulez être reconnu, vous n'avez pas besoin de vous imposer avec arrogance. Retenez une chose :

Votre arrogance ne fait pas peur aux gens.

Vous perdez votre temps en choisissant cette voie.

Votre arrogance n'a pas d'effet sur les gens. Vous devenez ridicule en étant orgueilleux.

Retenez ceci pour la conclusion:

Jamais vous serez heureux en étant orgueilleux.

Jamais vous ne serez en paix en étant orgueilleux.

Jamais vous ne serez à l'aise en étant orgueilleux.

Vous serez loin des gens, parce que vous êtes orgueilleux.

Jamais vous ne construirez de solides relations avec les gens à cause de votre arrogance.

Une fois dans votre vie, dites au moins: les gens sont meilleurs que vous aujourd'hui. Il faut que vous appreniez à reconnaître les forces des autres. Les autres ont quelque chose de plus que vous. Vous avez quelque chose de plus que les autres. Au finish, on se complète. Sacrifiez votre arrogance pour reconnaître la supériorité des autres.

23. Sacrifiez votre habitude de parler mal des autres

L'habitude, c'est la répétition de ce que nous disons ou faisons. Plus vous réitérez votre parole ou votre action, à la longue tout devient une habitude. Quand vous voulez répéter un chant, votre objectif est de parvenir à le chanter sans difficulté aucune. Vous finissez par le graver dans votre mémoire. Il fait partie de vous, une fois retenu. Si c'est un chant que vous devez exécuter journellement, vous l'avez à portée de main. Vous allez prendre l'habitude de le chanter avec aisance. C'est pareil pour les prières que vous récitez tous les jours. Elles sont gravées à jamais dans votre mémoire. Vous êtes habitué à les réciter. C'est une bonne habitude qui est vraiment acquise. S'il y a de bonnes habitudes, il y en a de mauvais. Les bonnes habitudes comme les mauvaises sont acquises avec le temps. L'objectif de ce chapitre est de parler d'une habitude qui n'est pas bonne. C'est celle qui consiste à parler tout le temps des autres. Si vous parliez d'eux en bien, ça ne serait pas mal. Mais la plupart du temps, vous parlez mal des autres. C'est un grand plaisir pour vous de parler mal des autres. C'est une abomination! Cette habitude existe chez tous les peuples. Il ne faut pas en faire son point fort. C'est plutôt un point faible. C'est du poison pour votre vie. Quelqu'un a dit: Nous devons agir en chrétien et non comme chrétien je pense que le chrétien est un porteur de Christ: Christophore. Il n'est pas question d'agir selon les gens du monde. Un bon chrétien est un imitateur du Christ. Il ne devrait pas agir comme tout le monde. Je veux dire: n'importe comment. Il ne peut pas parler comme tout le monde. Il doit éviter tout ce qui pourrait l'éloigner de Jésus. Jésus n'a jamais parlé en cachette. Tout ce que je vous dis maintenant, dites au grand jour. Je pense que quand vous parlez de votre prochain pendant qu'il est absent, cela vous réconforte, vous rassure. Et pourquoi cela ne vous réconforte ni vous rassure quand il est présent? Il y a quelque chose d'anormal. Quelqu'un me disait: Quand des gens parlent derrière vous, C'est parce qu'ils ont peur de vous. C'est de la lâcheté. Au bout du compte, ils ont peur de vos réactions. C'est parce que quelquefois ils reconnaissent que vous avez quelque chose de plus qu'eux. Ils ont du mal à se comprendre. Ils ont du mal à se situer par rapport à vous. Ils se sentent menacés. Ils vous font la guerre indirectement ou directement. Et c'est justement par le biais de la critique qu'ils essaient de vous neutraliser et maîtriser. Si vous êtes vacciné, aguerri , contentez-vous de leur offrir votre sourire. Qui sait? Peut-être avec votre sourire offert, les miracles du changement vont produire leurs effets en eux. Rien n'est impossible à Dieu. Ne vous laissez pas déstabiliser par ce que les gens disent de vous. Malheur à vous quand les gens disent du bien de vous. C'est une parole de l'Évangile. Et heureux êtes vous quand les gens parlent mal de vous. C'est une autre parole de l'Évangile. L'important est que vous soyez vrai avec vous-même et avec Dieu. Soyez vrai aussi avec vos détracteurs.

24. Sacrifiez vos enfantillages pour votre croissance spirituelle

Quand on parle d'enfantillages, on pense aux enfants. C'est vrai que c'est un mot qui renvoie directement à tout ce qui est lié à l'enfance. Les enfants, un moment donné de leur vie, se trouvent dans ce cadre. Et cela peut se comprendre et s'expliquer. D'aucuns vous diront que c'est leur âge. D'autres confirmeront: effectivement, on doit les comprendre. Ils ne font pas partie du cercle des personnes âgées. C'est comme si on bénissait leurs comportements, leurs paroles, leurs actions. Les comportements, les actions et les paroles peuvent déranger au niveau interne et au niveau externe. Il y a des enfants qui peuvent déranger à la maison, dans la rue et à l'école. Les contrôler pour les canaliser devient plus difficile. La conclusion qu'on tire de ces âges liés à l'enfance est la suivante: Ils vont grandir un jour; et en grandissant, le changement attendu se fera. Par conséquent, on compte sur le temps pour la réalisation de ce changement. En choisissant ce thème pour ce chapitre, je savais bien que j'allais parler brièvement des enfants, non pas pour les enfoncer, mais pour rappeler quelque chose d'important qu'on peut trouver aussi bien chez eux que chez les grandes personnes. Je comprends par exemple qu'un vieillard se comporte comme enfant. Il lui arrive de pleurer parce que se sentant seul. J'en ai vu moi-même. Je ne l'ai pas jugé négativement. J'ai essayé de comprendre tel vieillard dans telle situation. Ce dernier m'a fait cette révélation: Mes enfants m'ont abandonné ici à cet endroit. C'est ici sans doute que je vais finir le restant de mes jours. C'est pathétique. Son comportement enfantin est tout autre. On peut comprendre ce vieillard. Hors du monde de ce vieillard et de ses compagnons de vieillesse, j'ai comme objectif de parler de l'enfantillage qui dure et perdure chez certaines grandes personnes non octogénaires. Il se manifeste à travers des réactions surprenantes. Elles insultent comme des enfants. Elles accusent à tort et à travers quand elles ne sont pas contentes. Elles font la compétition avec la jeunesse. Elles pensent que ce qui était possible pour eux hier l'est aujourd'hui. Quand Elles occupent une place qui n'est pas éternelle, elles veulent s'y éterniser. Un beau jour, on leur demandera de quitter. Et cela fera tellement de bruit. Il me semble qu'il y a quelque part de l'inconscience, de l'insouciance, et du narcissisme clair et net. Faut-il parler de manque de maturité? Je parlerai plus de comportement puéril. C'est une opinion personnelle. Elle vaut ce qu'elle vaut. Il y a tellement de comportements qui sont liées aux enfantillages.

Tels sont ceux et celles qui pensent que la vie s'arrête sous leurs yeux.En dehors de ce qu'ils voient, rien d'autre n'existe.

Tels sont ceux et celles qui pensent que seules leurs pensées valent plus que toutes les autres.

Tels sont ceux et celles qui pensent qu'ils sont au dessus de tout le monde à tout point de vue.

Tels sont ceux et celles qui sont tellement nationalistes pour ne pas dire racistes.

Tels sont ceux et celles qui sont tellement chauvins qu'ils excluent et marginalisent les autres.

Tels sont ceux et celles qui ne vous regardent pas à cause de la couleur de votre peau.

Sont-ils malades ces derniers? C'est fort possible. C'est un monde de fous. J'espère qu'avec le temps, Dieu fera le miracle du changement des mentalités blanche, noire, jaune et rouge. C'est un souhait. Deus audiat nos et exaudiat nos. Que Dieu nous écoute et nous exauce. Évidemment, le changement miracle ne se fera pas sans ce désir humain et sincère de conversion. Convertissez-vous, convertissez-vous, petits et grands de la planète terre. Dieu attend de chacun ce moment important de vouloir changer son comportement d'enfant en un comportement d'homme mature. Dieu attend de l'homme mature à ce qu'il prenne conscience de la valeur de l'existence des autres ses semblables Changeons avant qu'il ne soit trop tard. La vie passe. La vie s'arrête au moment non prévu par notre programme.

25. Sacrifiez votre sournoiserie pour la transparence

Débarrassez-vous de ce mal. C'est un bagage inutile dans votre vie. Vous savez bien qu'elle peut être un poids paralysant et alourdissant. Ça ne pèse pas comme un objet visible qu'on pourrait peser sur une balance. La sournoiserie se dissimule dans votre action, dans votre parole, dans votre conduite, dans votre visage et dans votre regard.

Tant que vous ne la chassez pas de vos parties internes et externes, elle reste avec vous.

Si sa présence vous plaît, tant mieux.

Si elle contribue à votre croissance spirituelle, tant mieux.

Si elle sert de barrière entre vous et les autres, tant mieux.

Si elle vous rend heureux, tant mieux.

Le conseil pour grandir spirituellement, c'est de se dépêtrer de ce mal. Votre croissance spirituelle ne dépend pas de la sournoiserie. C'est à la longue que vous vous rendrez compte des effets qu'elle a produits à l'intérieur de vous. Je me rappelle quelqu'un qui cherchait toujours à soutirer chez les autres des informations. c'était à la fois de la curiosité et de la sournoiserie. Ce quelqu'un n'était jamais prêt à parler de lui. Il était prêt à écouter les autres en train de se vider. Et cela l'amusait. Le pire, c'est qu'il ne disait jamais ce qu'il pensait. Il transmettait toujours le contraire de sa pensée. Ce qui revient à dire qu'il était insaisissable. Des gens insaisissables sont partout. Ils ne sont pas tous des types négatifs. Seulement il faut s'armer de prudence et de discrétion à leur égard.Vous pouvez les trouver dans plusieurs sociétés et dans plusieurs communautés religieuses. Ils sont comme des voleurs de secrets. Il faut apprendre à leur fermer la porte de vos secrets. Autrement, vous allez devenir des gens vulnérables devant eux un jour.Ils surprennent, il faut y penser. Le sournois qui joue à l'ami le plus proche de vous est un type dangereux. C'est un ami qui est faux. L'autre sournois qui devient un ennemi est plus dangereux. Il peut empoissonner votre vie à votre insu. Les synonymes trouvés pour mieux cerner la personne sournoise sont: hypocrite, rusé, menteur, traitre, trompeur, malin, double. Soyez prudent si vous tenez à votre quiétude. Ne méprisez pas ces genres de personnes. Portez les surtout dans votre prière. Deo juvante, ils changeront certainement.

26. Sacrifiez vos fausses croyances pour accueillir la vérité

Ne vous laissez pas mener en bateau. Ne vous laissez pas mener pas par le bout du nez. J'espère que vous ne faites pas partie du groupe des crédules. Ils croient tout ce qu'ils entendent.Ils croient tout ce qu'ils voient. L'esprit de discernement leur manque. Quelqu'un vous dit qu'il a vu un oiseau conduire une voiture, vous le croyez. Vous pensez que c'est du surnaturel. Vous pensez que c'est le plus grand miracle du siècle.

Ne confondez jamais la fiction avec la réalité.

Ne confondez jamais les choses vraies avec les choses fausses.

Votre capacité d'imaginer est extraordinaire. Elle peut vous produire des choses irréelles. Elle peut vous produire des choses qui n'existent nulle part. D'où il est important d'accorder foi à ce qui est vrai. **Comment trouver la vérité dans un amalgame de choses obscures?**

Comment trouver la vérité dans plusieurs idées?

Laquelle est vraie?

Problème de discernement. Toujours avec la croyance, il est important de conscientiser ceux et celles à qui on fait croire quelque chose de faux. Les occasions sont nombreuses pour entraîner les crédules dans le trou. La télévision est bonne, mais elle n'apporte pas toujours ce qu'on attend d'elle. Les pauvres crédules qui regardent la télévision sans être préparés mentalement parlant, pensent que tout ce qu'ils voient est applicable dans le quotidien.

Savent-ils qu'il s'agit de fiction ?

Par les moyens de communication, on peut ternir la réputation d'une personnalité en une fraction de seconde. Et cela ne pose pas de problème pour les crédules. Heureusement qu'en face des crédules, il y a les incrédules. Ces derniers critiquent d'une bonne critique les images qui passent à la télévision. Ils critiquent aussi les paroles entendues. Il faut savoir dire non à l'image montrée à la télévision, non à la parole d'un tel ou d'un tel qui est fausse. C'est une victoire de votre intelligence sur l'information reçue, sur l'image envoyée. C'est une défaite du côté du communicateur mal intentionnel. Faites attention à ce que vous voyez. Faites attention à ce que vous entendez.Les manipulateurs sont partout. Loin de ou près de vous, ils peuvent changer votre regard. Ils peuvent désorienter votre intelligence et canaliser vos actions. Pour clore ce chapitre, j'ai une histoire à relater. Je me trouvai dans la voiture d'un chauffeur espagnol en 2000. On allait dans la même direction. Notre destination était plus ou moins la même. Chemin faisant, on parlait de tout et de rien. Je ne savais pas comment s'introduisit le sujet du continent africain dans notre conversation. Alors, il disait toutes sortes de mal sur l'Afrique. Cela me faisait mal. Le pire était son souhait qu'il partagea avec moi: l'Afrique ne devait pas exister. Elle est pauvre. Alors, à mon tour, je lui demandai s'il connaissait le continent dont il parlait et s'il l'avait visitée. Il n'avait jamais foulé le sol africain. Il ne connaissait le continent que par la télévision. La fameuse télévison qui peut offrir le meilleur ou le pire des nouvelles qu'elle communique.

27. Sacrifiez votre solitude pour la cohabitation

Si dans votre solitude, vous êtes à l'aise, est-ce un signe que vous êtes normal dans votre conscience?

Est-ce un signe que vous n'avez rien à vous reprocher? C'est quoi la nature de votre solitude? L'avez- vous choisie pour avoir la paix et vous éloigner du reste des hommes ? L'avez- vous choisie pour fermer la porte de votre coeur? L'avez-vous choisie pour vous mentir ou pour vous faire des illusions? Vous n'êtes pas ignorant, en ce sens, vous savez que la solitude n'a pas la même signification chez les solitaires? Certains solitaires sont des gens de bien. Ils vivent leur vie quotidienne loin et près des gens. Leur solitude n'est pas égoïste. Ils se consacrent un petit moment aux autres, parce que c'est vital pour eux et pour ceux qui les entourent. Les autres moments de la journée leur appartiennent. Ils vont s'occuper de leur vie professionnelle. Et comme dit l'Écclésiaste: Il y a un temps pour tout: ***Tempus nascendi et tempus moriendi. Temps pour naître et temps pour mourir***. Il y a un certain équilibre dans la vie de ces solitaires. C'est cela qui fait le charme de leur existence.

Les autres solitaires le sont vraiment. Ils se coupent des personnes de leur entourage. L'environnement ne compte pas. Leur vie est cachée. Cachée dans quel sens? Sont-ils des coupables qui fuient devant le contrôle de la police? Mystère. Leur indifférence par rapport aux voisins fait peur. Je parle bien d'indifférence. Je partage ici quelques groupes de solitaires. Peut-être que vous allez vous retrouver dans ces groupes. C'est mon observation personnelle. Je commencerai par le plus triste.

Les solitaires meurtriers.

Ce sont des tueurs à gages. Ils sont payés pour exécuter un ordre. Ils ont besoin de solitude. Ils ont besoin de se cacher avant et après leur intervention. Le pire, c'est quand ils sont dévisagés. La solitude est plus grave. Pas de contact avec le monde réel au cours de la journée. La solution est de se raser la barbe. S'il s'agissait d'une barbe touffue, la physionomie du visage pourrait changer. Certains meurtriers ne prendront pas ce risque. Certains d'entre eux changeront de milieu. Bref, cette solitude n'est pas intéressante. C'est la solitude de celui qui a le feu aux fesses.

Les solitaires en danger.

Ils sont sous contrôle. Un groupe de malfaiteurs est prêt à leur donner la mort. Que faire ? Il faut se protéger. La meilleure protection, c'est d'avoir à votre proximité des gens qui assurent votre sécurité dans votre maison et dans la ville. Les grands de ce monde peuvent ainsi se protéger. Les gens qui n'ont pas les moyens se feront abattre en vingt quatre heures. Il y a des brèches dans leur vie. Le tueur a toutes les possibilités de passer à l'acte peccamineux. Il commet le péché en tuant celui qui est sans protection. On pourrait multiplier les cas des solitaires en danger.

Les solitaires orgueilleux.

Ici, je ne fais pas de différence entre l'orgueil spirituel ou intellectuel. Je parle de l'orgueilleux tout court. Votre orgueil peut vous séparer des autres. Votre orgueil peut être une offense, un mépris à l'égard des personnes qui sont en face de vous. Dès qu'il y a une séparation avec le groupe, votre solitude commence. Elle peut durer. Elle peut ne pas durer. Un exemple pour consolider mes propos. Un chef orgueilleux risque de se retrouver tout seul.

Les solitaires méprisés.

C'est le mépris des psychopathes qu'ils subissent journellement ou occasionnellement qui les rend esseulés. C'est triste. Ils préfèrent garder la distance que de continuer à se faire mépriser. Cette solitude est dure.

Les solitaires marginalisés.

Ils sont marginalisés par les autres. Ils sont mis dans une catégorie de personnes faciles à reconnaître en société. Ils n'ont pas besoin de porter des étiquettes pour être reconnus. Ils sont marginalisés à cause de la couleur de la peau, de leur rang social, de leur manque d'instruction, de leur misère. Ce cas de solitaires marginalisés peut conduire à une autre réalité. Il y a des gens qui se marginalisent volontairement. Le cas le plus flagrant, c'est quand ils se sentent incompris, ils se détachent du groupe d'appartenance. Cette solitude n'est pas agréable.

Les solitaires pauvres.

Ils ne sont pas nantis, voilà pourquoi ils sont déconsidérés. Ils n'ont pas de voix au chapitre. Leur voix est inaudible. Le jour où ils commenceront à sortir de leur pauvreté, leur voix sera audible.

Les solitaires dominés.

Ils sont comme muselés. Le jour où vous parlerez des atrocités dont vous êtes victime, ce sera votre fin. Vous êtes presque comme les solitaires en danger. La différence, c'est que vous êtes entre les mains de celui qui vous menace.

Les solitaires savants.

Ils sont largement en avance dans le temps et dans l'espace que leurs auditeurs. C'est comme si le doigt divin touchait leur langue pour les rendre chaque jour davantage éloquents, convaincus et convaincants. Il n'est pas possible de s'opposer à ces solitaires savants.C'est un don qu'ils auraient reçu sans doute du ciel. Certains audacieux vont leur faire la guerre, non pas sur le terrain de la réflexion, mais sur un autre pour pouvoir les détruire à jamais. Il n'est pas nécessaire de donner ici des exemples. Faites tout simplement une relecture de l'histoire des hommes, vous comprendrez tout sans commentaire aucun.

Les solitaires persécutés.

Ils peuvent être des croyants. Ils ont leur foi en Dieu ou en un dieu. Les contempteurs de religions voudraient les contraindre à marcher à la manière des gens du siècle. Alors, dès qu'ils refusent, ils sont persécutés. Ces persécutions ne sont pas toujours de la même nature que celles des chrétiens du temps des empereurs comme Néron, dioclétien et autres.C'est une persécution intelligente et mortifère.

Au bout du compte, *je me suis demandé si mon invitation à la cohabitation est possible, surtout quand je pense à tous ces types de solitaires. Ils vivent une déconnexion réelle d'avec le réel. La cohabitation est bénéfique. La cohabitation est mortifère. Tout dépend de celui ou celle avec qui vous voulez cohabiter. Vivre ensemble a des avantages et des inconvénients.*

28. Sacrifiez la fausse innocence pour la vérité

Je pense à plusieurs exemples concrets en choisissant le titre du chapitre. Les exemples parlent plus que les discours. Certaines personnes comprennent plus facilement par les exemples. D'autres matérialisent au lieu se perdre dans un monde où tout est abstrait. Un de mes formateurs religieux: un bénédictin français me disait que les exemples étaient plus clairs dans certaines circonstances que les définitions. Il aimait donner des exemples pour se faire comprendre. Une fois, je vins lui présenter une liste de mots philosophiques pour bénéficier de ses explications. Ce que je vis me toucha profondément. Il définissait les mots et donnait des exemples ensuite. C'était un vrai pédagogue. Bref, je continue avec ce qui me tient à coeur. La fausse innocence. Je n'en parle pas comme un expert. Mais je sais que l'incapacité à nuire à quelqu'un pourrait en être la défintion. L'incapacité à faire du mal à quelqu'un fait de vous des innocents. Quelqu'un à qui on disait de contrôler le comportement de son enfant pour des raisons valables se fachaît. Il disait que son enfant était innocent. Il entendait par innocent: incapable de faire le mal. Son enfant était tellement attaché à une fille du milieu. Ce quelqu'un ne prenait aucune précaution. Jamais il n'avait invité son enfant à la prudence. Un jour, il apprit que son enfant avait fait une bêtise avec la fille d'autrui. La situation se compliquait entre les deux familles. Il suffisait de prendre les devants pour éviter une telle situation. L'homme en question ne pouvait pas accepter que son fils soit regardé comme coupable. La vérité était là. Tant que le garçon gardait le silence, la réaction négative du père face aux accusations portées contre son fils était valable.

Qu'aurait-il fait si, après un temps de remords, son propre fils avait reconnu sa culpabilité ?

Lui qui avait toujours défendu l'innocence de son fils, serait-il complétement déboussolé ?

C'est pourquoi je pense qu'on ne devrait pas défendre une chose qui n'est pas clair. Combien de fois, des personnes ont été défendues pour leur innocence? Au début, rien n'était clair pour celui qui les défendait. C'est avec une période assez longue qu'on finissait par se rendre compte qu'on défendait de faux innocents. La fausse innocence se trouve chez la jeune fille qui accuse un homme de l'avoir violée. Au fond, rien n'est vrai. La fausse innocence se trouve chez celui qui se prend pour le fils de Jupiter. Il se jacte d'avoir atteint une certaine pureté au niveau spirtuel.

"Je ne suis pas comme les autres. Je pèche moins. Ou je ne commets pas les mêmes péchés que les autres. Mes mains sont immaculées. Mon coeur est pur. Je suis irréprochable." Dieu Seul est irréprochable. Certains fous comme moi pourraient faire des reproches à Dieu sur son silence.

Chez une mère qui protège son enfance, c'est normal. Elle ne veut rien entendre de négatif sur son fils. Son fils est un ange. Il faut toujours lui bénir son fils. Elle ne va jamais comprendre le fond des choses qui concernent son fils. Elle comprendra à la longue avec un grand retard, un retard regrettable. Il ne faut pas être trop protecteurs de celui que vous aimez tant au point de soutenir ses conneries, ses incartades, ses folies.Vous bénissez tout sans contrôle. Cela pourrait s'appeler: la naïveté. Quelqu'un qui est coupable peut vous manipuler si vous n'êtes pas très circonspect. Ne validez pas ce qui n'est pas clair ni vrai devant vous.

29. Sacrifiez votre impiété pour devenir un enfant de Dieu

Je ne vous attaque pas. Je vous invite à donner un sens à votre vie.Une vie sans Dieu est une vie heureuse sans doute mais par moment.La preuve, c'est quand arrive quelque chose d'inouïe dans votre vie, la panique prend le dessus.Vous ne vous comprenez pas.Vous vous demandez pourquoi vous et non les autres.Vous n'avez aucune maîtrise de ce qui tombe sur votre tête.Le silence finit par régner dans votre vie.Mais normalement, ce silence devrait être porteur de plusieurs réponses en rapport avec ce qui vous arrive.Votre silence est pauvre et vide.Il ne vous apporte malheureusement aucune réponse.

Pourquoi vous n'avez pas de réponse par rapport à votre souffrance ? C'est parce que votre coeur est vide.Votre coeur n'est pas habité par l'hôte céleste. C'est si simple comme réponse. L'impiété conduit dans une impasse. Vous ne pouvez pas le savoir maintenant, tant que les choses vont bien pour vous. C'est justement, quand une grosse vague de malheurs vient couvrir votre vie. Il n'y a pas de moyens de sortir votre tête pour comprendre quelque chose qui se passe au dessus de l'eau. Je ne voudrais pas introduire ici mes connaissances religieuses. Je veux laisser ma religion catholique de côté pour vous parler de façon très humaine. Vous avez vu des gens disparaître un jour.

Votre réaction ?

Peut-être que vous n'aviez pas eu de réaction.

Et si vous en aviez eu, serait-elle la même que chez beaucoup de gens ?

C'est inévitable la mort. Quand elle arrive, on s'en va. Mais le problème est de savoir où l'on va.

C'est ici une interrogation majeure. L'homme qui a la foi en Celui qui se cache dans le ciel ira vers Celui-Là. Et l'homme qui n'a jamais eu foi en quelqu'un, où vous voulez qu'il aille après sa vie? Problème. Demandera t-il à aller du côté des hommes de foi? Va t-il avoir la même destination que les hommes de foi? Tant de questions qui devraient prendre place dans votre zone de réflexion. J'aime le dire et le redire: La vie , qu'elle dure un siècle, finira. Les honneurs grands ou petits disparaissent avec vous. J'ai vu dans un cimetierre d'un pays d'Afrique une très belle inscription sur une tombe. Le Prénom et le nom de la personne étaient bien écrits. Le plus beau, c'était le nom de sa profession qu'on avait ajouté. Ce n'était pas mal. Cela ne m'avait pas empêché de dire avec beaucoup d'humour: c'est fini l'aviation. L'homme en question était aviateur. Vous voyez que les choses auxquelles vous êtes attachés se détachent de vous. C'est parce que votre heure arrive. Je vous invite à sacrifier votre impiété pour vous approcher de Celui qui se cache dans le ciel. Ne soyez jamais de ceux et de celles qui l'offensent avec plaisir par leur impiété. Un jour, ils voudront regarder dans sa direction, mais il ne sera plus possible. Il est possible maintenant d'apprendre à le regarder dès ici bas. Le regard est encore flou. Il sera beaucoup plus clair dans l'au delà. L'impie brave le Seigneur. Si vous n'êtes pas du groupe de ceux qui bravent le Seigneur, vous n'êtes pas loin d'être parmi ses amis. Le Très haut veut se faire proche de vous. Il a foi en celui qui veut devenir meilleur. Je vous mets intégralement le texte biblique qui décrit l'impie, le blasphémateur et autre. C'est une richesse sprituelle. Vous trouverez dans le monde des gens qui jouent le rôle de destructeurs des consciences. Réveillez-vous si étiez en train de dormir. Que personne ne fasse de vous un ennemi de Dieu. Je vous laisse le texte pour votre méditation. Il est très long et profond.

Ps 9b (10)

Pourquoi, Seigneur, es-tu si loin ?
Pourquoi te cacher aux jours d'angoisse ?
L'impie, dans son orgueil, poursuit les malheureux :
ils se font prendre aux ruses qu'il invente.

L'impie se glorifie du désir de son âme,
l'arrogant blasphème, il brave le Seigneur ;
plein de suffisance, l'impie ne cherche plus :
« Dieu n'est rien », voilà toute sa ruse.

A tout moment, ce qu'il fait réussit ;
tes sentences le dominent de très haut.
(Tous ses adversaires, il les méprise.)
Il s'est dit : « Rien ne peut m'ébranler,
je suis pour longtemps à l'abri du malheur. »

Sa bouche qui maudit n'est que fraude et violence,
sa langue, mensonge et blessure.
Il se tient à l'affût près des villages,
il se cache pour tuer l'innocent.

Des yeux, il épie le faible,
il se cache à l'affût, comme un lion dans son fourré ;
il se tient à l'affût pour surprendre le pauvre,
il attire le pauvre, il le prend dans son filet.
Il se baisse, il se tapit ;
de tout son poids, il tombe sur le faible.
Il dit en lui-même : « Dieu oublie !
il couvre sa face, jamais il ne verra ! »

Lève-toi, Seigneur ! Dieu, étends la main !
N'oublie pas le pauvre !
Pourquoi l'impie brave-t-il le Seigneur
en lui disant : « Viendras-tu me chercher ? »

Mais tu as vu : tu regardes le mal et la souffrance,
tu les prends dans ta main ;
sur toi repose le faible,
c'est toi qui viens en aide à l'orphelin.

Brise le bras de l'impie, du méchant ;
alors tu chercheras son impiété sans la trouver.
A tout jamais, le Seigneur est roi :
les païens ont péri sur sa terre.

Tu entends, Seigneur, le désir des pauvres,
tu rassures leur coeur, tu les écoutes.
Que justice soit rendue à l'orphelin,
qu'il n'y ait plus d'opprimé,
et que tremble le mortel, né de la terre !

30. Sacrifiez votre fausse omniscience pour reconnaître votre ignorance

Socrate ne s'était jamais montré comme un homme omniscient. L'une de ses paroles l'avait prouvé. "***Tout ce que je sais, c'est que je ne sais rien***."

La reconnaissance de sa place dans le monde des penseurs est importante. Je ne dis pas que vous êtes nul. Je dis tout simplement que nous devons reconnaître nos limites intellectuelles. Et je pense que maître Socrate voulait nous ouvrir les yeux sur la vraie omniscience. Elle n'est pas humaine, elle est divine. Nul n'est omniscient. Que vous soyez les plus savants de tous, vous avez des carences même dans votre discipline. Vous avez des carences dans d'autres disciplines. Le diplôme ne fait pas de vous des héros. Il fait de vous des gens reconnaissables et reconnus comme étant capables de satisfaire la curiosité intellectuelle de vos interlocuteurs intellectuels. Vos interlocuteurs peuvent être des élèves. Ils peuvent être de grands chercheurs. Ils peuvent être des intellectuels de même niveau que vous. Et c'est là que tout devient intéressant. Le diplôme ne fait pas de vous des hommes omniscients. L'omniscience n'existe pas en vous. Vous reconnaissez cela avec moi.Je pense plus vous êtes diplômés, plus vous devriez être humbles, simples et abordables. Maintenant, si vous décidez de garder la distance par rapport aux gens moins diplômés que vous, c'est votre choix. N'oubliez pas que vous êtes fort et intelligent. Mais n'oubliez non plus qu'il y a des gens beaucoup plus intelligents que vous par leur expérience. Nombreux sont de jeunes diplômés qui pensent qu'ils sont tellement intelligents que personne d'autre ne peut faire face à leur intelligence. Ils se voient comme une intelligence sans faille. Je pense que l'humilité de Socrate devrait leur servir d'exemple.

Le diplôme est une preuve de votre compétence, mais pas toujours. Le diplôme n'est pas une épée tranchante dont vous vous munissez pour vous attaquer aux autres moins diplômés. Mon intention n'est pas de m'attaquer aux diplômés. Je les reconnais comme des gens intelligents. Je les reconnais comme des gens limités. Je veux les reconnaître comme intellectuels humains et non inhumains.

Je continue avec la pensée de Socrate pour pouvoir donner l'exemple de quelques jeunes qui ont compris leur limite intellectuelle et se sont mis à se soutenir mutuellement. Le soutien dont je parle est bilatéral. Il peut être unilatéral. Je me souviens d'un jeune qui me disait qu'il n'était pas fort en maths. Alors, pour mettre fin à ses carences en maths, il s'est trouvé quelqu'un qui pouvait l'aider. Ce dernier était son condisciple. Celui qui était fort en maths ne l'était pas en français. Alors, le plus beau, c'est le désir qu'ils ont eu de se soutenir vraiment. A force de se soutenir, ils ont fini par atteindre leurs objectifs. Retenez que l'omniscience chez les humains n'est pas réelle.

31. Sacrifiez des relations unilatérales pour des relations bilatérales

Vous avez là des expressions qui veulent signifier que ce qu'elles veulent signifier. Des relations qui existent entre deux personnes peuvent être unilatérales. Je vais prendre des exemples simples pour clarifier quelque chose d'important. Je vois deux personnes qui devraient être liées par les liens de l'amour. Leur problème est le suivant: c'est l'une qui aime mais elle n'est pas aimée. Son amour est unilatéral. Il s'agit d'un amour sans réponse. Le coeur de l'autre en face n'est pas prêt à recevoir la sincèrite de votre amour. Quand vous aimez, vous n'êtes pas aimé, ça pourrait vous faire souffrir. Cette souffrance pourrait durer. Ceux et celles qui ne veulent pas passer leur temps à souffrir, ils essaient de trouver quelqu'un d'autre qui pourrait répondre à leur amour. Alors là, la vie reprend de plus belle. Il y a un amour qui ne vaut pas la peine. Je ne vous invite pas à la haine ni à l'indifférence. Il ne vaut pas la peine cet amour, parce que l'autre ne veut pas vous aimer. Tout est clair que l'autre ne tient pas à vous aimer. Il vous le montre par tous les moyens. Choisissez une autre direction pour rencontrer quelqu'un qui serait intéressée par votre personne. Il me semble que certaines personnes ne sont pas faites pour vivre ensemble. Il y a des crises de nerfs, des prises de becs. Sacrifiez cet amour. C'est un conseil et non un dogme. N'oubliez pas que l'amour peut tout vaincre. Souvent, c'est par votre persévérance que vous pouvez conquérir votre future épouse ou votre futur époux.

Je passe maintenant à l'amour bilatéral. Cet amour est réciproque.Je vois deux personnes qui s'aiment. J'ai bien employé un verbe pronominal: s'aimer. Cela signifie quoi au fond? Elles s'aiment? Je comprends par là deux personnes qui s'apprécient vraiment. Dans leur amour réciproque, il n'y a pas de place pour quelqu'un d'autre. C'est un amour partagé entre deux personnes pour la vie. Dès que l'une des personnes défaille en amour, c'est le commencement de la fin de cet amour. Ce n'est pas la fin, mais le début. Ce qui fait la force de cet amour bilatéral, c'est sa réciprocité. A aime B. Et B aime A. La réciprocité fait la force de cet amour, mais également la sincérité.

Les relations dont je veux parler concernent l'amour certes, mais elles concernent aussi d'autres réalités que nous connaissons dans notre monde en mutation. Parlons de relations d'affaires.

Les relations d'affaires existent entre des personnes proches vivant dans le même milieu. Elles existent entre des personnes séparées géographiquement parlant. Elles existent entre des pays. Elles existent entre des continents. Ce que je crains dans ces relations d'affaires, c'est quand le côté A profite plus que le côté B de la situation. J'insinue quelque chose en parlant de relations unilatérales et bilatérales. Quand quelqu'un peut profiter de vous, vous ne pouvez pas profiter de lui, il y a un problème. Il faut trouver une solution à ce problème. Sinon, vous devenez le jouet de l'autre. L'exemple le plus frappant est celui de la personne qui s'enrichit sur votre dos sans scrupule. Le chemin inverse n'est pas possible. Il s'enrichit sur votre dos par la tricherie, par la fraude. Si vous avez d'autres opportunités offertes auprès d'autres personnes prêtes à vous aider à relever la tête, qu'attendez-vous? Attendez-vous une bénédiction céleste pour choisir d'autres règles de jeu meilleures pour vous avec d'autres partenaires? On Parle de partenariats aujourd'hui. Je vous conseille de choisir un partenaire qui vous mérite et que vous méritez. En matière d'affaires, il n'y a pas d'amis. Soyez rigoureux avec vous-même et avec les autres. Votre légèreté est sans résultat. Pensez-y et essayez de trouver le meilleur chemin pour arriver au bon port de vos objectifs. Un pays vit de ses attentes et de ses objectifs. Un continent aussi. Sacrifiez donc vos mauvais calculs en affaire qui peuvent réduire les attentes et espoirs de vos partenaires. Un pays attend beaucoup de ses gouvernants. Il attend beaucoup la maturité de ses gouvernants. Il attend beaucoup la droiture de ses gouvernants. Il attend beaucoup la protection de ses gouvernants. Il n'attend pas des gouvernants incapables de défendre ses intérêts. Il n'attend pas des gouvernants insousciants dilapideurs des biens de tous. Il n'attend pas des présidents qui seraient des traitres à l'instar de Judas.

32. Sacrifiez vos fausses images pour les vraies images

Je pense que vous n'êtes pas de ceux et de celles qui gardent une image négative d'un parent, d'un ami, d'un interlocuteur. Les mauvais souvenirs s'effacent, s'oublient difficilement chez certaines personnes. Ils sont gravés dans leur mémoire. Chez d'autres personnes, les mauvais souvenirs disparaissent d'un moment à un autre de leur vie.

En parlant de souvenirs, et surtout de ceux qui sont mauvais, je pense à une personne qui n'avait pas été bien traitée dans la maison où elle l'avait reçu sa première éducation. Si son père et sa mère ne l'avaient pas éduquée, ils avaient leurs raisons. Il y a des parents qui avaient l'habitude de confier un de leurs enfants à un oncle, à une tante. Cette tradition était sans doute valable à une époque. L'est-elle de nos jours ? La réponse vous appartient. L'enfant pouvait-il trouver son aise dans sa nouvelle famille? Il ne retrouvait sa vraie famille que pendant les grandes vacances. Quelquefois même, il n'avait pas de vacances. Cet enfant est appelé à grandir. En grandissant, va t-il se faire une bonne image de ceux et de celles qui l'avaient éduqué sans être ses vrais parents biologiques? Gardera t- il de bons souvenirs ou de mauvais de ces éducateurs ou éducatrices. Je pourrai penser aussi à ces éducateurs et éducatrices au niveau scolaire? Il ya des enfants qui n'oublieront jamais l'enseignant un tel. Ils peuvent vous le décrire dans ce tout ce qu'il avait de négatif, surtout quand il s'agit de quelqu'un qu'ils regardaient comme une bête noire.

Je pense à ceux et celles qui n'avaient pas eu la chance d'aller à l'école pour suivre le même rythme que les jeunes de leur âge en vue d'avoir du succès dans les études. Avec du temps, ces gens étaient aigris. Il faut les comprendre.Ils n'avaient pas été envoyés à l'école. Il étaient même en train d'accusser à tort èt à travers ceux et celles qui les avaient mis au monde. Il fallait qu'ils se trouvent des coupables.

Je pense à cet enseignant qui collait des noms à des élèves comme: cancre, étourdi, borné. Ces noms pouvaient les suivre partout jusqu' à la fin de la validation de leur passage au niveau scolaire. Et qui sait? Ces noms pouvaient aussi les suivre jusqu à un certain âge. Vous avez des amis qui n'oublieront jamais les mauvais noms qu'on vous avait donnés. Les noms étaient valables pour un moment. Ils ne le sont plus normalement. Que vous gardiez une mauvaise image d'une personne qui vous avait traumatisé, dérangé, persécuté, on vous comprend. C'est vous qui aviez vécu telle situation et personne d'autre. On ne devrait pas vous juger sur votre démarcation par rapport aux personnes que vous regardiez et regardez comme négatives.

Je tire juste une conclusion assez brève. L'image que vous avez des personnes peut changer avec le temps. Quelqu'un qui était mauvais avec vous peut changer pour devenir bon avec vous.

33. Sacrifiez votre racisme pour devenir mature

Je m'implique dans le vous pour faire comprendre que tout le monde peut être raciste à un moment de sa vie. Le racisme qu'il faut craindre est celui qui dure et perdure.Il pourrit le coeur et l'esprit de l'homme en général. Il faut lutter contre ce fléau. Il a quelque chose de paralysant et de dévalorisant. Il vous maintient vous et moi dans les comportements d'un enfant tout le temps presque mécontent de lui-même et des autres. Le racisme ferme le coeur de l'homme à la bonté et à la générosité. Il ferme les yeux de l'homme qui ne veut pas voir en face de lui ce qui est différent de lui, ce qui est meilleur que lui. Je pense qu'il y a un côté immature de l'homme raciste. Il n'a pas encore atteint un niveau assez élevé de maturité spirituelle. Je vois en l'homme raciste un provocateur malade, vraiment malade. Ce genre de malade ne sera guéri que par un miracle du Ciel. Le racisme s'enracine quand il dure chez un homme. Pour s'en dépêtrer, il faudra un travail de conscientisation assez longue. Je pense que le problème de la non acceptation de vous-même et de moi-même pourrait être le point d'appui de ce mal. L'homme raciste pense à son petit monde. Le monde des autres n'existe presque pas. Si l'homme raciste vous regarde comme existant, c'est parce que vous avez du prix à ses yeux. S'il vous regarde comme inexistant, c'est parce que votre différence est une menace pour lui. Donc, Il vous regarde comme inexistant. Ce qui est étonnant, c'est la présence du racisme même chez les gens qui ont la même couleur de peau. Chez les hommes qui n'ont pas la même couleur de peau, le racisme est fort. Il est puissant. J'ai choisi le dernier chapitre pour parler du racisme.Je me suis dit que dans un discours, les premiers et les derniers mots sont importants. Ils sont peut-être plus retenus. Je pense que le jour où vous et moi quitterons la terre, le problème de la couleur de peau finira. Je pense que dans la tombe, votre couleur et la mienne disparaîtront pour toujours. Pensez-y. Que l'homme jaune glorifie Dieu dans sa jauneur! Que l'homme noire glorifie Dieu dans sa noirceur. Que l'homme rouge glorifie Dieu dans sa rougeur! Que l'homme Blanc glorifie Dieu dans sa blancheur! Aimez ce que vous êtes; et aimez ce que les autres sont. Aimez-ce que vous avez; et aimez ce que les autres ont. Faites respecter ce que vous êtes; et faites respecter ce que les autres sont. Pour finir, je vous invite et je m'invite à avoir une attitude digne et respectueuse à l'égard de la culture et de la civilisation des autres hommes vos semblables. N'oubliez pas que les compartiments qui sont construits égoïstement et sciemment entre nous nous éloignent tragiquement les uns des autres. C’est une tragédie.

34. Sacrifiez votre racisme pour devenir comme Dieu sur la terre

Si celui qui donne l'existence et le mouvement était raciste comme vous et moi, il vous regarderait vous et moi autrement. Nous n'aurions pas droit à l'existence ni au mouvement. Il sait de quoi nous sommes capables. Nous sommes capables de faire le bien autour de nous quand cela nous chante. Et quel bien? Le bien qui ne repose que sur des intérêts en lien avec le mercantilisme, la corruption, la déperdition de sens moral, le silence volontaire et voulu de notre conscience. Je continue avec ce dont nous sommes capables. Nous sommes capables aussi de faire le mal. Si nous nous engageons dans cette voie pour anéantir l'autre qui est en face de nous, parce que nous le regardons comme un obstacle, nous sommes malades et avons besoin de guérison. Le grand danger du racisme est celui qui finit par violenter les personnes non aimées, non appréciées, non respectées, non considérées. Cela crève nos yeux. Personne n'est enfant aujourd'hui. Du moins, personne n'est dupe. Quand vous avez des attitudes méprisantes vis à vis des autres qui sont vraiment respecteux et respectables, vous les outragez sans raison. Le monde dans lequel vous vivez devrait être un monde où chacun pourrait se sentir à l'aise, s'y retrouver sans avoir l'air de quelqu'un qui est perdu. C'est un souhait. Se réalisera t-il ce souhait? Le monde sera ce que vous et moi en ferons. Si nous en faisons une jungle, il sera une jungle où les hommes ne vivront plus comme des êtres raisonnables, mais comme des animaux sauvages. Ils y vivront comme des hommes privés d'intelligence. Rappelez vous que des nations ont détruit d'autres nations à cause de leur soif effrénée d'hégémonie. La réduction des autres devient une passion, un jeu auquel certains sont habitués. Le contrôle de la vie des gens dans les moindres détails est une abomination. Les autres n'ont pas de vie secrète. Ils doivent être contrôlés par espionnage, par tricherie. Il y a tellement de choses à dire sur ce monde qui est créé par Dieu. On dirait que son contrôle n'est plus du ressort de Dieu. Son silence est bon signe pour certains et mauvais signe pour d'autres. Ceux qui se retrouvent bien dans ce monde oseront bien demander à Dieu de se tenir à l'écart. Ceux qui ne se sentent pas bien ont besoin de ce Dieu pour les défendre. Le racisme peut conduire très loin les hommes. Je finirai par quelques citations éloquentes sur le racisme. Elles peuvent changer votre regard et le mien aussi. Elles peuvent vous conduire à la vraie conversion. Ce serait un grand miracle. Vos oeillères tomberaient à jamais, et vous retrouveriez la paix.

“**Toute espèce de racisme conduit inévitablement à l’écrasement de l’homme**.” St Jean Paul II Pape

“**Le racisme est le reflet de l’idiotie.”** Damabiah

“**Le racisme est le cancer de l’âme.”**Héraclius donat Zevounou

Le racisme est une façon de s’exprimer pour les mauvais esprits. Azzeddine AISSOUI

Les racistes sont des gens qui se trompent de colère. Léopold Sédar SENGHOR

Conclusion +++++++

Je vous invite à lire la fameuse parole du pasteur que j'ai citée dans le premier chapitre. La parole est la suivante: ***Ne soyez pas la victime de vos talents.***

J'ai ajouté d'autres paroles sur le modèle de celle du Pasteur pour permettre aux lecteurs de me comprendre à travers les titres des chapitres. Usez du verbe sacrifier pour reprendre la parole du Pasteur en modifiant certains éléments de la phrase. Ainsi, vous allez vous retrouver avec quelque chose de fondamental. ***Sacrifiez votre envie de vouloir tout le temps rendre service aux gens.***

Je vous invite ici à penser souvent à vous. Il n'est pas interdit de penser à soi. Prenez soin des autres, mais prenez soin de vous aussi. Je finis par un dernier exemple pour clore le tout. Je prends l'exemple du chapitre 23. C'est juste le titre qui m'intéresse.

Sacrifiez votre envie de parler mal des gens.

Ce qui revient à dire:

Ne soyez pas la victime de votre parole.

Mieux encore: ***Ne soyez pas la victime de certaines de vos mauvaises habitudes.***

Des habitudes bonnes ou mauvaises, nous en avons tous.Développons celles qui nous font avancer dans le cadre spirituel ou humain.

+++++++

Références bibliographiques +++++++

A Livres de la Bible

Prov 17 : 17 Le vrai ami

Jn 15 : 13 Le plus grand amour: l'offrande de sa vie.

Act 4 : 19 Obéir à Dieu plutôt qu'aux hommes

Jér 23 : 1 Malheur aux pasteurs

1 Pier 5 : 5 Dans les rapports mutuels: Revêtez-vous d'humilité.

Prov 26 : 12 As-tu vu un homme sage à ses propres yeux?

Prov 29 : 23 L'orgueil abaisse l'homme, l'humilité donne la gloire.

Deut 25 : 16 L'homme inique est détestable devant Dieu.

Prov 11 : 20 Les pervers sont détestables devant Dieu.

Prov 16 : 15 Tout coeur hautain est une abomination à Dieu.

Prov 17 : 15 Le complice du coupable et le faux juge du juste sont iniques.

Ps 33 Garde ta langue du mal et tes lèvres des paroles perfides.

Ps 33 Le choix du bien , le rejet du mal et la recherche de la paix.

Mal 1 : 14 Le tricheur triche devant Dieu.

Luc 10 : 16 Qui vous écoute m'écoute.

2 Sam 11.1- 12.25 : Le péché du roi David.

1 Rois 21:25 Le péché du roi Achab et de Zézabel.

1 Sam 18, 5 – 9 La jalousie du roi Saül.

B **Enseignement ecclésial**

Les sept oeuvres de miséricorde spirituelles:

1. conseiller ceux qui sont dans le doute ;
2. enseigner les ignorants ;
3. avertir les pécheurs ;
4. consoler les affligés ;
5. pardonner les offenses ;
6. supporter patiemment les personnes ennuyeuses ;
7. prier Dieu pour les vivants et pour les morts.

Les sept œuvres de miséricorde corporelles: :

1. donner à manger aux affamés ;
2. donner à boire à ceux qui ont soif ;
3. vêtir ceux qui sont nus ;
4. accueillir les pèlerins ;
5. assister les malades ;
6. visiter les prisonniers ;
7. ensevelir les morts.

La tradition des œuvres de Miséricorde spirituelles remonte aux Pères du désert. Elles sont énumérées par Saint Thomas d'Aquin.

C Mandata Dei /////// Commandements de Dieu (Exode 20)

Prohibition : Le faux témoignage, le mensonge, l'envie, l'idolâtrie

Permission : L'amour de Dieu- l'amour du prochain- le respect de l'autre.

Finalité : L'accomplissement de la volonté de Dieu.
L'adoption d'une bonne conduite.

D Les péchés capitaux

L'orgueil,

l avarice,

la luxure,

l'envie,

la gourmandise,

la colère

la paresse.

E Regula Sancti Benedicti /////// Règle de Saint Benoît

Chapitre 4 : Instruments des bonnes oeuvres.

Paroles et traduction:

1 **Malum pro malo non reddere.** = *Ne pas rendre le mal pour le mal.*

2 **Honorare omnes homines.** = *Honorer tous les hommes.*

3 **Non falsum testimonium dicere** = *Ne pas faire de faux témoignage.*

4 **Dolum in corde non tenere.** = *Ne pas garder de la fausseté dans le coeur.*

5 **Voluntatem propriam odire.** = *Haïr la volonté propre.*

6 **Nullum odire.** = *Ne haïr personne.*

7 **Elationem fugere.** = ***Fuir l'élèvement du coeur.***

8 **Diem judicii timere.** = *Craindre le jour du jugement.*

9 **Non esse superbum.** = *Ne pas être orgueilleux.*

10 **Inimicos diligere.** = *Aimer les ennemis*

43-34-61-16-52-25-7-700-502-205-430-403-304-340-D3-3D-30D-D30-DC.

Table des matières +++++++

Printed by Books on Demand GmbH, Norderstedt / Germany